AF368248

# Le cri de mes larmes

Josée N. Gauthier

Distributeur : Distribulivre
www.distribulivre.com
Tél. : 819-668-6106
Télécopieur : 450-887-0130

© Les Éditions Première Chance
Lanoraie (Québec)  J0K 1E0
Canada
lepchance@bell.net
www.leseditionspremierechance.com

**Dépôt légal — Bibliothèque et Archives nationales du Québec, 2015**
**Dépôt légal — Bibliothèque et Archives Canada, 2015**

**ISBN** : 978-2-89755-031-8

Imprimé au Canada

# Le cri de mes larmes

# Préface

J'avais vingt-deux ans lorsque j'ai écrit cette histoire. À l'époque, je n'avais qu'un seul enfant qui n'avait que deux ans.

Assisse dans le bureau du sous-sol, je me mis à taper sur la machine à écrire. C'était en 1995.

Cette histoire qui me vint à l'esprit était pour moi comme un film qui se déroule, soir après soir dès que mon enfant s'était endormi, je me mettais à écrire...

Aujourd'hui, j'ai décidé de vous partager ce manuscrit oublié depuis vingt ans...

La vie de Samantha n'a jamais été facile. Pourtant elle avait tout pour elle.

Beauté, ambitieuse, courage, détermination...

Mais pourquoi cachait-elle tous les miroirs? Pourquoi?

Tout au long de sa vie, Samantha vivra des épreuves qui détermineront ce qu'elle est véritablement.

Ses amours ébranleront sa vie et c'est derrière le miroir qu'elle découvrira, enfin... si elle le découvre...

Josée N. Gauthier

l faisait chaud cette journée-là. Je me promenais près du lac. Voyant le ciel bleu et le vent qui soufflait tout en caressant mes cheveux longs, je m'avançai vers le lac, y regardant. Je n'y vis qu'un visage triste, rempli de chagrin. Je bondis d'un seul coup et allai m'assoir sur l'herbe qui était un peu humide. Je restai là pleurant de tout mon cœur et de toute mon âme...

Je repensais à mon passé, oui, ce passé qui m'avait toujours hantée de tout mon corps et de tout mon cœur.

Je regardai de nouveau vers le ciel et des larmes quittèrent encore mon cœur. Je n'en pouvais plus de ma vie. Je me posais mille et une questions.

— Pourquoi ne me trouvai-je pas jolie? Pourquoi le monde ne m'aime-t-il pas? Pourquoi? Pourquoi? .....

*« J'étais assise là*
*Près de ce ruisseau*
*Et j'entendis les oiseaux chanter*
*Le son de l'eau qui coulait sur les rochers*
*Me faisait sombrer dans le désespoir*
*Des larmes coulaient à flots sur mes joues*
*rosées.*

*Tous ces moments passés*
*Je n'avais eu que du mal après tant d'années*
*Le ciel bleu me faisait penser*
*À la petite fille que j'étais.*
*Sous ma robe rose, je n'étais que désespérée*
*Le soleil brillait tant*
*Que mes yeux en pétillaient.*
*Je n'avais auparavant jamais senti*
*Ce parfum du printemps... »*

Je marchai jusqu'à la maison qui se trouvait près du lac en traversant la forêt. J'entrai par la porte arrière au moment où le téléphone sonna.

C'était ma sœur au bout du fil.

— Oui, allô?

— Salut Sam.

— Ah! C'est toi, comment vas-tu?

— Oh! Je vais très bien, disait-elle. Est-ce que tu voudrais venir à la soirée du bal ce soir?

— Quoi? Ce soir? Mais je n'ai rien à me mettre.

— Bof! Je te passerai ma plus belle robe, tu sais la bleue turquoise?

— D'accord, je vais y aller à la condition que tu viennes me chercher!

— OK. Vers huit heures, ça ira?

— Oui, à ce soir!

Je raccrochai le téléphone et j'allai dans la cuisine me faire une bonne tasse de thé. J'étais nerveuse, moi qui ne sortais presque jamais. Je me regardai dans le miroir et me dis :

— Mais qu'est-ce que je vais faire de ce visage triste, si fatigué? Si... ah! Je sais, je vais me maquiller un peu et ça ne paraîtra pas.

Il était six heures lorsqu'on frappa, c'était ma sœur avec la robe dont elle m'avait parlé au téléphone.

— Oh! Qu'elle est jolie!

— C'est la robe dont je t'ai parlé tantôt.

— Je vais aller l'essayer...

Je montai dans la chambre, j'essayai la robe et me regardai dans le miroir, même si je craignais de me voir. Je restai bouche bée.

Elle me faisait juste et la couleur changea la tristesse de mon visage.

Je me maquillai un peu avec du rouge à lèvre rouge très pâle pour avoir un éclat de joie même si j'avais des plis en dessous des yeux. En me mettant un peu de fard à paupières bleu turquoise, ça allait à merveille avec ma robe.

— Allez Sam, dépêche-toi, il est presque huit heures.

— Oui, oui, je viens, dis-je...

J'étais prête pour partir, mais j'étais tellement nerveuse. Je montai dans la voiture avec ma sœur, elle avait une belle voiture décapotable jaune serin avec une ligne noire sur les portes.

Moi, je n'avais qu'une voiture un peu rouillée, mais je me disais que tant qu'elle fonctionnait, c'était l'important...

En regardant par la fenêtre de la voiture, je restai figée.

Il y avait un château extraordinaire avec de très grandes portes, de grandes fenêtres. Je n'en revenais pas, ma sœur rit.

— Pourquoi ris-tu de moi?

— Je ne ris pas de toi, c'est juste que ça paraît que tu ne sors pas souvent.

— Ah! C'est juste parce que c'est beau et magnifique, dis-je.

Elle arrêta la voiture.

— Allez, viens.

— Quoi? C'est ici?

— Oui, qu'elle me répondit.

Je n'en croyais pas un mot, moi qui sortais rarement, je me rendais dans un château superbe.

Plus j'avançai, plus mes jambes claquaient ensemble. Je n'y croyais pas.

Ma sœur me présenta ses amis et moi, bien timide, je répondais d'un petit bonsoir.

— Bonsoir, je te présente ma sœur Samantha.

— Oh! Quel joli nom!

— Merci! dis-je.

C'était le patron de ma sœur. Il était gentil, il avait les cheveux gris et noir peignés sur le côté. Un peu grassouillet, mais je n'étais pas là pour regarder leurs défauts ni pour sortir avec un homme.

J'étais juste là pour accompagner ma sœur et lui faire plaisir.

Je fixais les murs qui me semblaient géants. Ils étaient en forme de pierres grises. Il y avait un très grand foyer dans le salon, le feu qui pétillait et l'odeur de la fumée, je viens m'assoir tout près.

Je regardais tous les murs qui étaient décorés de couleur rose et blanc, c'était magnifique.

En regardant vers les chambres d'en haut, je vis un homme vêtu d'un veston blanc et d'une chemise bleu vert.

Il avait les cheveux noirs et placés tout en arrière.

Il descendit les escaliers venant vers moi. Il me fit un beau sourire, mais moi, trop timide, je fis un petit sourire en coin.

— Bonsoir mademoiselle! dit-il.

— Bonsoir monsieur, dis-je en baissant mes yeux par terre.

— Mon nom est Sonny et le vôtre?

— Je m'appelle Samantha, dis-je d'un ton timide.

— Est-ce que la soirée vous plaît?

— Heu... oui, oui. Il y a beaucoup de monde, hein?

Je sentais la chaleur me monter au visage, j'avais envie de m'en aller rejoindre ma sœur.

Mais je me disais : « Vas-y Sam, faut pas que tu te gênes, continue à lui parler. » Je ne m'écoutais pas, je lui dis qu'il fallait que j'aille rejoindre ma sœur parce qu'elle voulait me présenter ses amis.

Je dépassai tout le monde sans regarder où j'allais et je me réfugiai dans la salle de bain.

Me regardant dans le miroir, je me dis :

— Mais pourquoi n'ai-je pas continué à lui parler? Il est gentil, doux... Bon, fais un effort Sam. Il faut que tu lui parles... sinon qu'est-ce qu'il va penser de moi?

Je m'en retournai vers le salon, il n'y était plus, je regardai autour de moi et je ne le vis pas non plus.

Ma sœur était près de la porte d'entrée, car elle m'attendait. En voiture, j'étais silencieuse, je repensais à cet homme.

Il était beau et ce sourire...

— Tu ne parles plus, est-ce qu'il s'est passé quelque chose ce soir?

— Non, dis-je sans en ajouter davantage.

— Voyons, tu n'étais pas comme cela avant qu'on aille à cette soirée!

— Je te le dis, il ne s'est rien passé, je pense que c'est parce que je suis fatiguée.

C'est vrai que j'étais fatiguée, mais ce n'était pas la vraie raison.

En arrivant à la maison, je descendis de la voiture en disant bonsoir à ma sœur et je la remerciai.

J'ouvris la porte et la refermai derrière moi. Je montai dans ma chambre et me déshabillai. Puis, je pris un bain chaud.

J'essayai de ne pas penser à Sonny, mais c'était plus fort que moi, je revoyais sans cesse ses beaux yeux marron étincelant de bonheur.

Après mon bain, je défis mon lit, éteignis la lampe et je m'endormis en pleurant.

*« Pleurez, toujours pleurez*
*Je ne vois que du noir*
*Mais où est-elle cette lumière*
*Tout est sombre pour moi*
*Mon cœur ne fait que crier*
*Crier pour que quelqu'un me réponde*
*Mais hélas, c'est le silence complet.*
*Le jour où le soleil se lèvera*
*Peut-être que la joie reviendra*

*Pleurez, toujours pleurez*
*Il faudra du temps*
*Oui, du temps pour que mon cœur chavire.*
*Mais voilà qu'un jour*
*L'amour apparaîtra à la porte*
*De ce cœur qui pleure... »*

Le soleil levant, je me réveillai d'un seul bond, j'avais rêvé. Je rêvais que Sonny venait me prendre doucement la main et qu'on allait vers le lac. Il me caressait les cheveux me regardant dans les yeux avec sa voix si douce, il me donna un baiser...

Oh! Le téléphone sonna, je débarquai du lit, j'avais sur moi ma robe de nuit blanche en dentelle. C'était ma préférée, car elle venait de ma tante qui est décédée l'an passé.

Je pris le téléphone et je restai figée. C'était Sonny.

— Bonjour Samantha! C'est moi, Sonny. Tu sais, l'homme que tu as laissé là hier soir?

— Oui, oui, je te reconnais.

— Est-ce que tu vas bien?

— Oui, mais je viens juste de me réveiller.

— Bon, je ne te dérangerai pas longtemps, je voulais juste t'inviter vendredi soir à un souper de famille.

— Oh! Je ne sais pas encore, je pourrais te rappeler si tu veux bien me donner ton numéro.

— Oui, à mon bureau si tu veux me rappeler avant ce soir.

— Mais qui est-ce qui t'a donné mon numéro? dis-je.

— Ah! C'est une longue histoire, je te raconterai cela une autre fois. Il faut que je laisse, car je vais être en retard à mon bureau.

Et je raccrochai. Je ne savais plus que faire. Je ne le connaissais presque pas et en plus j'avais eu l'air idiote à la soirée d'hier, je m'étais sauvée.

Oh non. Je vais laisser faire, je n'irais pas à ce souper.

En déjeunant, je réfléchissais, il fallait que je demande à ma sœur de ce qu'elle en pensait. C'est vrai, j'oubliais qu'elle était partie travailler à cette heure-ci. Devais-je dire oui ou non, surtout que c'est un étranger pour moi...

Et si je m'informais à ma sœur, peut-être qu'elle le connaissait plus que moi.

Ah! Je viens de penser que je pourrais l'appeler à son travail, je dirais que c'est urgent. Alors je pris le livre de téléphone et je regardai le numéro de ma sœur où elle travaillait.

— Allô, est-ce que je pourrais parler à Martine s'il vous plait, c'est urgent.

— Oui, un instant.

— Oui, allô?

— Martine, c'est Sam, est-ce que tu pourrais venir diner à la maison? Je dois te parler, c'est très important.

— Oui, je viendrais vers les onze heures.

Je sentais des papillons dans mon estomac, rien qu'à penser que peut-être j'irais souper avec lui.

Je finis mes céréales et allai m'habiller, je mis un pantalon blanc avec une blouse blanche et rouge. En me plaçant les cheveux, je vis encore ce regard triste.

Me dépêchant, je pris mon sac à main et mes clés de voiture, il était presque neuf heures et je commençais à travailler à neuf heures trente.

Mon travail n'était pas loin, je travaillais dans une boutique de vêtements haute couture, moi, j'étais incapable de me payer de si belles robes. Je ne faisais qu'un petit salaire, juste assez pour me payer l'essentiel.

Plus je regardais l'heure et plus elle passait lentement, j'avais hâte d'aller diner pour en parler à ma sœur.

Puis enfin arrive mon heure de diner.

Heureusement que j'habitais à dix minutes de mon travail. Je regardai l'heure et il était moins cinq. J'allai dans ma voiture et lorsque j'approchai de la maison, je vis ma sœur assise sur l'escalier devant ma porte. Je me dis :

« Ah, elle est toujours à l'avance. Mais je n'ai pas à me plaindre, car j'aimais mieux cela qu'attendre quelqu'un qui est toujours en retard. »

Je débarquai de la voiture et lui demandai :

— Est-ce que ça fait longtemps que tu es arrivée?

— Non, cela fait cinq minutes.

Je rentrai dans la maison et préparai le dîner, c'était juste une petite soupe à l'oignon avec quelques sandwichs au jambon.

Je les mis sur la table et commençai à lui demander son avis.

— Tu devrais y aller, tu ne sais pas jusqu'où cela va aller!

— Ne pense pas que je vais aller plus loin, c'est un étranger.

— Et puis, tu vas le connaître à la longue. Je te le dis, ne manque pas cette chance de ta vie Sam, vas-y.

— Bon, je vais lui téléphoner et je dirais oui.

Ma sœur sauta de joie, depuis le temps qu'elle essaye de me faire sortir et de rencontrer d'autres personnes.

— Mais qu'est-ce que je pourrais bien me mettre pour aller à ce souper?

— On va aller magasiner et c'est moi qui t'achète une robe Sam.

— Oh non Martine, je ne veux pas abuser de ta générosité envers moi.

— Voyons, je veux te faire plaisir et j'achèterais cette robe. Demain, on ira magasiner, je ne travaille pas.

— Moi si, je travaille, mais je demanderais une demi-journée, Suzanne va vouloir, j'en suis certaine.

Suzanne était ma patronne, elle était gentille même si son visage était dur parfois, je l'aimais bien quand même.

Alors, je repartis à mon travail. Je demandai à Suzanne si je pouvais prendre congé demain en après-midi.

Par chance, elle accepta. De plus, j'étais fière, car je pouvais m'acheter une belle robe même si c'est ma sœur qui voulait me la payer.

Il me restait simplement qu'à appeler Sonny, j'étais nerveuse de lui téléphoner. Il fallait que je l'appelle à son bureau, je ne savais même pas où il travaillait.

J'avais son numéro, dans mon sac à main. Je pris le téléphone en signalant le numéro, ça sonna.

— Bonjour, ici le bureau d'avocat.

— Allô, est-ce que je pourrais parler à M. Lee?

— Oui un instant.

J'étais surprise, un avocat, jamais je n'aurais pensé qu'un avocat s'intéresserait à une femme comme moi.

— Allô, ici M. Lee.

— Sonny? C'est moi Samantha.

— Oh, bonjour, est-ce que tu as eu le temps de réfléchir?

— Non, pas vraiment, mais je dis oui pour vendredi.

— D'accord, je vais aller te chercher vers les six heures, est-ce que tu veux me donner ton adresse?

— C'est 1060 rue Chawn, c'est au bout du village. Tu vas voir, il y a la forêt, suis le chemin jusqu'au bout, c'est une maison en bois rond. C'est à dix minutes du village et si jamais tu ne le trouves pas tu me téléphoneras.

— C'est d'accord, vers six heures je serais là. À bientôt. Puis on raccrocha.

Sa voix faisait frémir mon cœur, j'avais tellement hâte à vendredi. J'ignorais si j'allais rencontrer toute sa famille ou seulement ses parents. Je ne savais même pas s'il avait des frères ou des sœurs.

Moi qui étais tellement timide. En plus de le connaître à peine, comment ferais-je devant sa famille?

Je ne sais pas pourquoi c'était à moi qu'il avait demandé d'aller à ce souper. Pourtant, il m'avait juste rencontré dix minutes et c'est là que je suis partie pour aller à la chambre de bain. Ensuite, lorsque je suis retournée au salon, il n'y était plus.

Pourquoi me trouvais-je tellement idiote avec un homme?

Je ne me sentais pas belle, car chaque fois que je regardais dans le miroir je voyais toujours ce visage triste, c'était pour cela que je me posais toutes ses questions.

Peut-être qu'il ne s'intéressait pas à moi, que c'était juste pour me faire servir de cobaye pour sa soirée et qu'il avait un plan machiavélique.

J'avais fini mon travail et je rentrai à la maison. Je me déshabillai pour enfiler ensuite mon ensemble de jogging, j'étais à mon aise.

Et puis je soupai en regardant les nouvelles à la télévision. Ensuite, j'allai prendre mon bain en relaxant, car j'avais encore des papillons dans l'estomac.

Je ne faisais que penser à vendredi. Je sortis du bain et j'enfilai ma robe de nuit, puis je m'endormis.

Le matin en me réveillant, je pensais à quelle sorte de robe que je devrai m'acheter, je ne devrais pas m'en faire, car ma sœur avait beaucoup de goût pour choisir une robe.

Je mangeai à toute vitesse pour ensuite travailler. Comme ça, mon avant-midi passerait plus vite, il était presque onze heures.

Ma sœur vint à la boutique.

— Bonjour Sam, est-ce que tu as fini?

— Oui, je viens tout juste.

Je ne voulais pas choisir une robe d'où j'y travaillais, car c'était des robes trop extravagantes.

Alors on est sorties pour se rendre à la ville qui n'était pas loin d'ici.

— Oh, regarde Sam, on va aller à cette boutique.

Il y avait une superbe robe dans la vitrine, elle était si jolie. Elle était de couleur rose pâle en soie, elle allait sur les épaules avec de jolies dentelles blanches sur les côtés.

Peut-être qu'elle valait très cher, je ne voulais pas abuser de ma sœur. On entra et ma sœur me conseilla de l'essayer, mais je lui dis :

— Je ne peux pas essayer cela Martine, elle est trop cher...

— Vas-y, c'est moi qui te l'offre, allez...

— Bon, je vais l'essayer, mais je ne suis pas sûre qu'elle m'aille bien.

J'entrai dans la cabine d'essayage et lorsque je la mis, je n'en crus pas mes yeux. Elle était merveilleuse sur moi. Je la montrai à ma sœur et elle resta figée.

— Qu'est-ce qu'il y a?

— Ah, je n'en reviens pas, elle te va à merveille.

Je me regardai dans le miroir et je dis à Martine :

— Est-ce que tu trouves que mon visage est triste?

— Non, laisse faire ton visage et viens, on va aller la payer et on ira manger quelque chose ensuite.

Je savais que mon visage était triste, j'étais sûre que Martine ne voulait pas me faire de la peine. Elle paya la robe et on alla au restaurant à deux pas de là.

Je la remerciai beaucoup pour la robe et je lui dis que je lui payerais cela plus tard, mais elle me dit qu'il n'en était pas question, c'était un cadeau.

Les journées passèrent. Nous étions vendredi. J'avais des crampes à l'estomac et j'avais de la difficulté à travailler.

Lorsqu'il y avait des clients à la boutique, je ne leur parlais presque pas. J'avais les idées ailleurs. J'avais peur de gâcher cette soirée, ne pas savoir quoi dire à ces gens même à Sonny.

Il est maintenant quatre heures et je finissais de travailler. Sonny venait me chercher vers les six heures et il fallait que je me change.

Je pris un bain relaxant, car j'étais vraiment nerveuse. Je m'habillai ensuite et me maquillai légèrement, juste pour dire que mon regard ne paraissait pas triste, au moins pour ce soir...

Il était six heures lorsqu'on sonna à la porte, ouf, mon cœur palpitait tellement fort. J'ouvris la porte et c'était bien Sonny. Il est rare qu'un homme arrive à l'heure fixe, me dis-je.

Il me regarda de la tête au pied avec un sourire, il me dit :

— Tu es très belle ce soir.

— Merci, dis-je avec la tête baissée.

J'entrai dans la voiture, quelle superbe voiture qu'il avait! Une Ferrari rouge et les côtés étaient chromés, jamais je n'aurais pensé embarquer dans ce genre de voiture de ma vie.

On se parla peu, je ne savais trop quoi lui dire. Rendus à destination, je réalisai qu'il habitait le même château où j'étais allée avec ma sœur la semaine passée.

Il m'ouvrit la porte de la voiture et j'entrai dans le château où il y avait toute sa famille. Il me présenta à ses parents, à ses frères et ses sœurs, ses oncles et ses tantes. En tout, ils étaient plusieurs. Je me sentais tellement timide que je rougissais.

Il avait deux frères et trois sœurs, ses parents étaient gentils, même si c'était des gens de la haute.

Après le souper, je voulus prendre de l'air, avec tout ce que j'avais mangé, je me sentais comme étouffée.

— Sonny, je vais aller prendre l'air un peu.

— D'accord, il y a un jardin en arrière de la maison, je vais t'accompagner.

Il m'accompagna au jardin, c'était la pleine lune et le vent qui soufflait dans mes cheveux était bon.

Il s'approcha de moi et mit son bras autour de mes épaules, je me sentais timide, mais en sécurité en même temps.

— On est bien, disait-il.

— Oui, l'air est frais, ça fait du bien, j'ai eu si chaud ce soir au souper.

C'est vrai que j'avais eu chaud au souper, car je me sentais un peu mal à l'aise avec sa famille, quoiqu'ils étaient accueillants.

— Sonny, est-ce que parfois tu te sens triste?

— Parfois, mais c'est rare. Pourquoi me demandes-tu cela?

— Parce que moi je suis souvent triste et ce soir je me sens bien.

— Ah oui?

Il s'approcha de moi, je sentis ses lèvres chaudes sur les miennes.

Je reculai.

— Non, je ne fais pas ça Sonny.

— Mais pourquoi Samantha?

Je ne répondis pas tout de suite.

— Excuse-moi, il faut que je rentre chez moi, lançais-je finalement.

— Eh bien d'accord, je vais aller te reconduire.

Je saluai toute sa famille et Sonny me reconduisit chez moi. Le silence régnait dans la voiture, je ne savais quoi dire à cause de ce qui s'était passé et pourtant, il m'avait juste embrassée.

J'étais rendue chez moi, il s'approcha de moi en essayant de m'embrasser de nouveau, je le repoussai et je descendis de la voiture.

Il sortit en me disant bonsoir, mais moi, je fuis dans la maison sans rien dire.

— Idiote, me dis-je. Que je suis stupide!

J'éclatai en sanglots!

Le lendemain, je téléphonai à ma sœur.

— Allô, Martine?

— Oui, c'est moi.

— C'est Sam... et je mis à pleurer.

— Qu'est-ce qu'il y a Sam? Dis-moi, qu'est-ce qui t'arrive?

— Oh, j'ai été stupide hier soir avec Sonny.

— Comment?

— Ma soirée a été formidable, mais j'ai réussi à la gâcher. Car après avoir soupé, Sonny et moi on est allés prendre l'air au jardin derrière sa maison et il s'est approché de moi en m'embrassant.

— Et puis? me dit-elle intriguée.

— Et puis... je l'ai repoussé et je me suis presque enfuie. Des larmes coulèrent encore sur mes joues.

— Pauvre toi, tu n'aurais pas dû faire cela, peut-être que c'était la meilleure chance de ta vie Sam.

Je raccrochai en disant à ma sœur que j'étais fatiguée.

Je terminai de prendre ma douche et j'entendis le téléphone sonner, j'allais répondre.

— Bonjour!

— Bonjour, c'est moi Sonny. Comment vas-tu?

— Je vais bien, et toi?

— Oui très bien, je voulais te demander si ce soir tu viendrais avec moi au cinéma?

— Euh, tu n'es pas en colère pour hier soir?

— Non, me dit-il. J'ai compris que je suis allée trop vite pour toi.

— Mais je m'excuse Sonny pour ce qui est arrivé.

— Tu n'as pas répondu à ma question, est-ce que tu viens ce soir?

— Oui, mais il va falloir que tu viennes me chercher.

— D'accord, à sept heures ça te convient Sam?

— Oui, je t'attendrais.

Je raccrochai en souriant. Bon, me dis-je, il faut que je me laisse aller ce soir. Je repensai à ce baiser qui était chaud, je me sentais tellement en sécurité lorsque j'étais près de lui.

Peut-être que je l'aime, me dis-je. Mais lui, peut-être qu'il ne m'aime pas, peut-être qu'il veut juste de la compagnie.

Me regardant dans le miroir, je me vis laide et je me dis :

Comment pourrait-il aimer une femme qui n'est pas jolie? Qui a toujours le visage triste et...

Je me posais encore mille et une questions.

Je me préparai pour sortir, je me mis un pantalon blanc avec une blouse rose à manches courtes. Car il faisait doux à l'extérieur.

On sortit du cinéma, c'était un film d'amour, qui était parvenu à me faire pleurer. Le film était tellement triste.

— Viens, on va faire une petite promenade dans le parc, me dit-il.

J'acceptai, on était tellement bien.

Il me prit la main et on continua notre marche. Il me demanda si je voulais aller m'assoir. Alors il mit son bras et entoura mes épaules.

— Est-ce que je pourrais te donner un baiser?

— Euh, oui, dis-je avec la voix un peu tremblante.

Il m'embrassa doucement. Encore une fois, je sentis ses lèvres chaudes contre les miennes puis il m'embrassa passionnément.

— Je t'aime Samantha.

Je restai bouche bée, c'était un rêve, me dis-je. Je ne savais quoi lui dire, mais moi aussi je l'aimais, mais j'avais peur de lui dire.

Je me lançai tout de même :

— Moi, euh... aussi je t'aime.

Il m'embrassa encore une fois...

Lorsque je me réveillai le lendemain, je pensais que j'avais rêvé.

Je me lavai le visage et je sentais encore ses lèvres sur les miennes. Je n'en revenais pas qu'un homme puisse m'aimer, moi, Sam...

C'était la fin de semaine, il me semblait que la semaine avait défilé à une vitesse étonnante, surtout depuis que j'étais sortie avec Sonny.

Je n'avais pas eu d'appels de Sonny depuis ce temps, alors j'allai près du lac en pensant à lui, me demandant pourquoi il ne m'avait pas téléphoné, ne me donnant aucune nouvelle de lui.

Je me regardai sur l'eau en pleurant. Mon cœur me faisait très mal à l'idée que peut-être je ne le reverrais plus jamais. Je savais que personne ne pouvait aimer une femme comme moi, je le savais...

Je me retournai pour aller à la maison, car il commençait à faire sombre. En marchant dans la forêt, j'aperçus une silhouette au loin, je commençais à avoir des frissons, car plus je m'approchais et plus je voyais que la silhouette ressemblait à celle d'un homme.

Je m'approchai lentement, j'avais un peu peur.

— Sonny, c'est toi?

— Oui Sam c'est moi.

— Tu m'as fait toute une peur!

— Excuse-moi Sam.

— Je suis contente de te voir, pourquoi ne m'as-tu pas téléphoné?

— Oh, j'étais parti toute la semaine. J'avais une affaire importante à Londres.

— À Londres? lui demandai-je intriguée. Tu es allé loin.

— Oui, je sais. Mais je n'ai pu t'appeler, car j'avais tellement de travail, je m'en excuse. L'important maintenant c'est que je sois ici avec toi.

Et il m'embrassa en me prenant dans ses bras. Je me sentais tellement bien que je ne voulais pas lui montrer que j'avais eu beaucoup de peine.

On continua à marcher jusqu'à la maison. Je fis du feu dans le foyer, il faisait froid un peu et je m'assis près de Sonny pour me réchauffer. Il m'embrassa encore une fois. Sans rien dire, il sortit de sa poche quelque chose que je ne pouvais voir.

— Tiens mon amour, c'est pour toi.

— Pour moi? Je restai figée.

C'était une bague, une très jolie bague.

— Je voudrais que tu te maries avec moi Sam, car je t'aime énormément.

Je ne savais plus quoi répondre. Je ne sais plus que penser.

Je ne savais pas si je devais accepter, car c'était la première fois qu'un homme m'aimait comme je suis et surtout me demandait en mariage.

— Euh... peut-être que je vais accepter.

— Pourquoi tu ne me dis pas oui maintenant. Allez, dis que tu veux m'épouser, dis-le...

Après un long moment de réflexion, je répondis :

— D'accord, j'accepte de devenir ta femme.

Il se jeta sur moi en riant, on pouvait voir dans ses yeux l'éclat de joie. Il m'embrassa encore et encore cela n'en finissait plus, mais un jour...

*« L'amour renaît chaque jour,*
*Peu importe les conditions*
*Le cœur a toujours ses raisons*
*Peu importe les changements*

*L'amour supporte tout*
*Même après tant d'années*
*La voilà égarée du cœur*
*L'amour comprend tout*
*Est-ce pour un peu de temps*
*Ou bien pour toujours...*

*L'amour renaît chaque jour*
*C'est cela que je dis à mon cœur*
*Car elle revient et s'en va*
*L'amour, pourquoi faut-il la chercher*
*Car je voudrais tant cet amour pour toujours...* »

Je reçus un coup de téléphone;

— Bonjour, puis-je parler à Mme Lamoureux?

— Oui, c'est moi.

— C'est le père de Sonny.

— Oui, qui a-t-il?

— Sonny m'a parlé beaucoup de toi ces derniers
temps.

44

— Mais... que se passe-t-il, monsieur?

— Sonny a eu un accident hier soir et...

— Et puis, est-ce que qu'il va bien?

— En effet, euh... non, mademoiselle, il est décédé.

Le téléphone tomba par terre, j'étais saisie, tout tournait autour de moi.

— Non, non, criai-je hystérique. C'est impossible, pas lui, pas mon Sonny...

J'entendis au bout du fil :

— Est-ce que ça va mademoiselle? Allô? Allô?

Prenant le téléphone dans ma main, j'arrivai à peine à prononcer un son.

Puis, au bout d'un moment, la gorge nouée, je répondis :

— Merci de m'avoir téléphoné monsieur.

En raccrochant, je m'agenouillai et pleurant de toutes mes forces, je hurlai de douleur.

Jamais de ma vie mon cœur ne fut brisé à ce point.

Quelques jours plus tard, j'assistai aux funérailles. Je lançai une rose rouge sur son tombeau, mais je ne pleurai point.

En entrant à la maison, j'enlevai mes souliers à talons hauts et je montai dans ma chambre en me déshabillant vite pour enlever cette robe noire.

En me regardant dans le miroir, je repensai à tous ces beaux moments que j'avais passés avec Sonny. Je me souvins de ses caresses, de ses yeux tendres et pleins de joie, de ses baisers qui étaient tellement chaud sur mes lèvres. Mais pourquoi encore moi, me dis-je...

J'allais me marier et voilà qu'un malheur était arrivé, je l'aimais tellement, c'était le seul qui pouvait m'aimer tel que j'étais. Jamais, non jamais, je ne pourrai aimer un autre comme lui.

Pourquoi, pourquoi... et je brisai le miroir en morceaux.

Tout tomba par terre, je me mis à crier, crier tellement fort qu'à la fin, je n'avais plus de forces pour pleurer...

*« Oh! que mon cœur se brise*
*Car j'ai revu cet amour passé*
*C'était un amour qui n'a jamais disparu.*
*Oh! que mon cœur se brise.*
*J'ai tant de chagrin*
*Jamais je n'oublierais ce jour.*

*Mon cœur est brisé*
*Je n'en peux plus*
*Mon rêve s'est déchiré*
*Je n'ai plus d'espoir*
*Pour revoir cet amour passé*
*Mon cœur est perdu à jamais.*

*Mon cœur me fait mal*
*Jamais je n'oublierais ton sourire*
*Le destin l'a voulu autrement*
*Ton regard restera à jamais*
*Gravé dans mes pensées*
*Oh! je t'aime tant, je t'ai toujours aimé*
*Jamais je ne t'oublierais, jamais... »*

Quelques années plus tard...

Je déménageai dans une autre ville, à peu près à cinquante kilomètres de mon ancien village. Je changeai de travail, je travaillais maintenant dans un hôpital comme infirmière.

J'aimais beaucoup ce travail et cette ville. Même si j'étais loin de mes souvenirs cela ne changeait rien, car c'était gravé sur mon cœur. Plus je travaillais et plus j'essayais d'oublier mon passé.

Je me fis des amies où je travaillais, l'une d'elles s'appelait Suzie, l'autre Johanne et il y avait sa sœur Julie.

Elles étaient gentilles avec moi, elles ne savaient rien de mon passé. C'était mieux comme ça. Je ne voulais pas en parler à personne de ce qui était arrivé, seule ma sœur était au courant...

Le téléphone sonna.

— Allô?

— Allô, c'est Suzie, comment vas-tu?

— Très bien et toi?

— Oui, je vais bien. Je t'appelais pour te demander si tu voulais venir à une soirée dansante samedi soir? Au fait, c'est plutôt un souper organisé par l'hôpital.

— Oh, je ne sais pas encore si je vais y aller, je vais y penser Suzie, d'accord?

Je ne savais que répondre, car depuis la mort de Sonny je n'étais pas sortie. J'avais encore cette peur de sortir ailleurs que mon travail.

— Allez, viens, tu verras ce sera plaisant.

— Euh, d'accord, j'irais, mais il faudra que tu viennes me chercher.

— Oui, oui, j'irais vers dix-neuf heures.

En accrochant le téléphone, je me dis que j'allais devoir m'acheter une robe.

Il faut que je sorte un peu, cela va me changer les idées. J'allai le lendemain magasiner pour une robe.

J'en trouvai une qui me plaisait, elle était bleue et blanche un peu décolletée, mais pas trop, car je n'aimais pas ce genre de robe où l'on montrait tous ses atouts.

En entrant à la maison, je pris un bain pour relaxer un peu.

L'invitation que m'avait offerte Suzie ne me disait rien, je n'étais plus certaine de vouloir aller à cette soirée. Mais c'était trop tard, je lui avais dit oui. Je me disais que d'une manière ou d'un autre il fallait que je sorte de la maison un peu. Depuis que

Sonny avait quitté ce monde, je me sentais toujours aussi triste, mais ma crainte de faire la rencontre d'un autre homme me hantait, crainte que mon cœur se laisse aller encore une fois pour que la vie me fasse souffrir à nouveau. Non merci, me dis-je...

Il était presque dix-neuf heures, il fallait que je me prépare pour aller à ce souper.

En enfilant ma robe, je me regardai dans le miroir pour me maquiller un peu, juste pour cacher ce visage triste.

— Ah, il faut que je me place les cheveux, me dis-je.

Il y avait une voiture qui klaxonnait dehors, j'allais voir et c'était Suzie. Alors, je me pressai en prenant les clés de la maison.

— Salut Sam, ça va bien? Pas trop nerveuse?

— Non, non, lui dis-je, je ne voulais pas lui montrer que je l'étais en réalité.

Il y avait avec Suzie, Johanne et sa sœur Julie. En voiture, on ricanait tous, car Suzie faisait des farces, je les aimais bien ces trois-là.

Après souper, le monde dansait, mais moi je restai assise, je n'avais pas le goût de danser jusqu'à ce que...

— Bonsoir mademoiselle?

— Euh... Bonsoir.

C'était un homme élégant, assez costaud et grand, il avait les yeux bleus avec une moustache, il était vraiment charmant.

En arrière-plan, on pouvait entendre une douce musique.

— Est-ce que vous voulez danser avec moi? me dit-il en souriant.

Je ne savais que répondre.

— Euh... oui bien sûr.

Alors il m'emmena danser. Il prit ma main et il me regarda dans les yeux. Sous l'éclairage, je vis ses yeux briller de joie, son sourire large faisait vibrer mon cœur. Cela faisait longtemps que je n'avais pas ressenti cette chaleur dans mon cœur, même si je ne le connaissais pas, c'était sa manière de me regarder dans les yeux. Je tournais et tournais, il me caressa les cheveux que j'en avais des frissons dans le dos. Voilà que la musique s'arrêta, il vint s'assoir à mes côtés, il me parla pendant des heures et des heures.

Son nom était Mario, il travaillait comme gérant d'une caisse, il était célibataire, il avait déjà eu plusieurs partenaires, mais c'était en vain, les autres femmes étaient trop jalouses. Chaque fois qu'il parlait à une femme, elles étaient en colère, alors il n'endurait pas ce genre de femmes.

La soirée terminée, je retournai à la maison avec Suzie, car je ne voulais pas qu'un étranger vienne me porter à la maison.

En chemin, j'expliquai tout à Suzie à propos de Sonny et un peu mon passé.

— Mais la vie continue Samantha. Il faut que tu oublies ce passé, car tu ne seras jamais heureuse.

— C'est facile à dire, mais moins à faire, dis-je.

— Peut-être que cela te ferait du bien de sortir avec cet homme que tu as rencontré ce soir.

Je ne disais rien, je restai muette jusqu'à ce que j'arrive à la maison. Peut-être que je n'aurais pas dû avoir confiance en elle, car cela ne fait pas très longtemps que je la connaissais.

Ah, pourquoi lui ai-je dit, peut-être qu'elle va aller raconter cela à tout le monde.

Voilà que six semaines s'étaient écoulées, je n'avais jamais revu Mario depuis cette soirée. Je m'étais dit que peut-être il n'était pas intéressé à moi, que c'était juste un beau macho, qui fait à croire à toutes les femmes qu'elles sont belles, intelligentes...

Suzie m'avait invitée la semaine passée à aller magasiner avec elle et les deux autres.

En allant dans le centre d'achat, on ricanait tous des blagues de Suzie. Mais soudain, Johanne dit :

— Hé, regarde Sam, c'est l'homme avec qui tu as dansé à la fête.

Je regardai et de loin je reconnus bien Mario qui était seul, je restai figée. Il s'avança de plus en plus vers moi.

— Salut!

— Allô, dis-je la tête baissée et un peu timide.

Mais je voulais faire l'indépendante et continuer à marcher, il continua à me parler.

— Comment ça va? Tu sais, j'ai pensé à toi après qu'on se soit rencontrés, je voulais te télé-phoner, mais je ne savais pas ton deuxième nom et je ne pouvais pas trouver ton numéro.

— Ah bon! Je ne dis rien d'autre, mais je le croyais, car il était vrai que je n'avais pas dit mon nom.

Je lui dis au revoir, il m'arrêta et me demanda mon numéro de téléphone, alors je lui donnai.

Une semaine plus tard, j'étais en train de prendre une douche et soudain le téléphone sonna. Je me dépêchai à aller répondre, j'étais à peine sèche et mes cheveux qui étaient mouillés coulaient par terre.

— Allô?

— Bonjour, est-ce bien Samantha?

— Oui, c'est moi, qui est-ce?

— C'est moi Mario, je voulais t'inviter samedi pour aller souper au restaurant...

— Oh!, je ne sais pas encore... d'accord, à quelle heure?

— Vers cinq heures, ça ira?

— Euh... oui, oui. Je vais te donner mon adresse.

J'étais tellement nerveuse, jamais je n'aurais pensé qu'un autre homme serait intéressé par moi. J'ai toujours pensé qu'il y avait juste Sonny qui pouvait m'intéresser et voilà que j'avais accepté une invitation, depuis le temps que j'étais seule. Maintenant, mon cœur battait très vite...

J'étais en train de manger, mais Mario ne cessait pas de me regarder droit dans les yeux.

— Tu as de beaux yeux, dit-il...

— Merci, répondis-je timidement.

On parla des heures et des heures, jamais de ma vie je n'avais eu un dialogue avec un homme comme lui. Il me reconduisit à ma porte, je le remerciai pour ce souper. Il tint son doigt sur ma bouche et me donna un baiser, il m'embrassa deux fois avant de me dire bonsoir.

Je n'arrivais pas à croire qu'il était possible d'aimer à nouveau, même si j'avais très peur de souffrir encore il fallait que je fasse une croix sur mon passé.

Huit mois après, Mario me demanda en mariage, il m'avait emmenée près du lac où j'allais souvent. Accompagné par le soleil éclatant et le son de l'eau qui coulait sur les rochers, il me demanda :

— Est-ce que tu veux devenir mon épouse?

J'hésitai un instant et puis soudain je lui répondis :

— Oui, je le veux parce que je t'aime.

Alors il sauta de joie, des larmes se versant sur ses joues faisaient vibrer mon cœur.

Les jours passèrent. Après notre mariage, on s'installa à la campagne, il y avait une petite maison blanche et bleue.

Le toit était en forme de pignon, un balcon faisait la largeur de la maison. Des arbres autour de la maison étaient magnifiques. Un champ en arrière était assez grand pour que nos enfants courent un jour et pour qu'ils puissent s'amuser.

— C'est formidable, mon amour, dis-je...

— Je suis content que tu aimes cela, j'avais peur que tu sois déçue.

En me prenant dans ses bras, il me donna un long baiser... Il prit ensuite ma main et il me fit courir dans le champ.

Je sentais alors le parfum des fleurs du champ. J'étais si heureuse, jamais auparavant je ne m'étais senti comme cela.

Un mois plus tard, j'avais chaque matin des nausées, il ne s'agissait certainement pas d'une indigestion. Je téléphonai à Suzie :

— Allô Suzie? Comment vas-tu?

— Très bien et toi? Je suis tellement fière de t'entendre...

— Je voulais te demander si tu as déjà eu des nausées chaque matin.

— Non, pourquoi me demandes-tu cela?

— Parce que j'en ai chaque jour et chaque matin Suzie.

— Ah! je sais ce que tu as...

— C'est quoi? lui demandai-je intriguée.

— Peut-être que tu es enceinte Sam.

En dedans de moi je me demandais si c'était bien cela, je commençai à m'inquiéter.

— Je vais aller voir un médecin et il me dira si c'est bien cela.

— Oui, tu ferais mieux d'aller voir un médecin. En tous les cas, j'espère que c'est bien cela. Bon, je vais accrocher, car j'ai un rendez-vous important demain Sam.

— D'accord, au revoir.

Je pris un rendez-vous pour le lendemain, en me demandant si Mario accepterait le fait que je sois enceinte.

Le lendemain, j'allai à mon rendez-vous et cette journée-là, Mario ne travaillait pas.

Il allait sûrement me poser des questions, me dis-je en m'inquiétant.

Et comme de fait, il me demanda :

— Où vas-tu ma chérie?

— Oh, euh... je vais juste aller faire quelques courses au village.

— Ah, d'accord...

Et il me donna un baiser. Quelques heures plus tard, j'entrai à la maison avec un visage triste et en même temps un regard heureux.

Mario était assis sur le canapé en train de lire un livre. Je ne savais plus moi-même si je devais lui dire, mais il fallait bien qu'il le sache. C'était mon mari après tout.

— Mario, j'ai quelque chose à te dire de très important...

— Oui ma chérie, je t'écoute.

— Bien, euh... j'hésitai cinq minutes... est-ce que tu aimerais avoir des enfants un jour?

— Oui bien sûr ma chérie.

Alors j'hésitai encore une fois, j'avais si peur de sa réaction.

— Bien dans neuf mois tu seras papa.

Il me regarda droit dans les yeux, immobile, il ne savait que dire et il commença à fondre en larmes. Il murmura quelque chose, mais je ne l'entendais pas, car il pleurait trop.

— Je... je suis très fier mon amour. Il reprit son souffle, puis il me dit : je suis si heureux ma chérie.

Je ne croyais pas qu'il le prendrait comme cela, il se leva en venant vers moi, il me donna un baiser en même temps. J'essayais d'essuyer mes larmes en me disant : « Oh, que je t'aime... »

La venue de cet enfant fut pour nous un épanouissement dans notre vie. C'était un garçon qu'on surnomma Julien.

Il avait un mois, les joues rosées et le visage tendre. Il était tout pour moi, il était si magnifique et si fragile...

Je me promenais souvent dans le champ derrière la maison, il devait sentir l'air frais et pur, alors je le plaçais dans un panier. Il avait l'air si bien sur la couverture de soie avec tous les côtés en dentelle blanche, qu'il s'endormait vite.

C'était un panier pour ramasser les pommes, c'était bien de sa grandeur, car il fallait que je le tienne dans mes bras pour marcher dans le champ.

Julien était rendu à dix mois, je faisais comme d'habitude, j'allais me promener avec lui dans le champ. C'était beau de le voir commencer à marcher.

Je me disais qu'il avait tout l'espace qu'il fallait dans le champ pour qu'il coure plus tard. Alors je le laissais faire et je lui disais :

— Julien, viens ici.

Il venait vers moi et je lui disais :

— Maman t'aime beaucoup...

Un jour, alors qu'il marchait devant moi, j'entendis un cri derrière moi. Je me retournai et je vis que c'était un homme assez grand et un peu costaud, c'était le facteur, il avait une lettre pour Mario. Je lui criai à haute voix que Mario était dans la maison, mais il me répondit :

— Il n'y a personne, madame, cria-t-il.

— Bien, mettez-la sur la chaise sur le balcon devant la maison, criai-je à mon tour.

Alors je me retournai pour voir Julien, il n'était plus là... Je pris panique en criant :

— Julien, Julien où es-tu?

Plus j'avançais et plus j'avais peur, j'avançai encore et encore quand soudain...

Je le vis étendu par terre.

— Ah, mon Dieu, Julien, Ju... lien...

Je le vis plein de sang à la tête, je ne savais plus si je devais crier, mon cœur battait si fort.

Il ne respirait presque plus, il s'était frappé la tête sur une roche, car il y avait un peu partout dans le champ. Je me mis à courir et courir, plus je courrais et plus le champ me semblait long.

Finalement, j'entrai dans la maison et j'appelai l'ambulance. Une fois à l'hôpital, je téléphonai à Mario, je pensais qu'il serait chez un de ses amis et puis j'avais raison, il était là.

Je lui expliquai tout ce qui s'était passé, il vint immédiatement. Lorsque je le vis au loin, je me mis à courir vers lui pour qu'il me prenne dans ses bras.

— Comment va-t-il?

— Je ne sais rien encore, dis-je.

J'avais espoir qu'il serait en vie encore, mais lorsque le médecin avança vers nous, j'ai vu tout de suite son regard triste, je ne voulais pas y penser au pire, jusqu'à ce qu'il nous dise :

— Je suis désolé monsieur et madame, mais votre garçon n'a pas eu de chance. Il est décédé il y a deux minutes...

— Non, non, non pas mon bébé, non, criai-je en hurlant de douleur.

Fondant en larmes, je sentais mon cœur se déchirer en mille morceaux, mon corps ne bougeait plus, j'avais de la misère à respirer tellement cela faisait mal. Mario pleura aussi, car il l'aimait tellement cet enfant, il n'avait que dix mois...

Après la mort de Julien, je m'étais promis de ne plus jamais avoir d'enfants. Il était ma chair, pourquoi fallait-il que cela m'arrive à moi? J'allai dans ma chambre et puis je me regardai dans le miroir. N'étant plus capable de me regarder et de voir ce visage si triste, si désespérée comme avant, ma colère surgit et je brisai ce miroir pour ne plus jamais avoir à me regarder.

Une année passa durant laquelle je n'étais pas sortie, je restais renfermée et voilà que ça sonna à la porte. J'allai répondre et quelle surprise!

— Salut Sam.

— Allô, comment vas-tu? C'était Suzie que je n'avais revue depuis presque deux ans.

Je lui offris un café, on parla longtemps et longtemps, car on avait plein de choses à se dire. Soudain, elle me fit parler de ce qui s'était passé avec Julien.

Je lui expliquai tout et je lui dis tout ce que je ressentais comme la solitude, l'angoisse, la colère et puis que je restais enfermée depuis ce temps.

Elle me conseilla de ne plus y penser qu'il fallait que je continue à vivre, j'avais un bon mari et je devais essayer de ne pas trop le négliger.

— C'est bien beau de dire cela, mais tu n'en sais rien, car cela ne t'est jamais arrivé, dis-je.

Elle pencha la tête ne sachant que dire. Suzie repartit, car elle avait un long chemin à faire.

Aussitôt partie, j'allai me coucher même si Mario n'était pas encore arrivé. J'étais tellement fatiguée que peu importe ce qui arrivait, je voulais juste dormir...

Soudain, je me réveillai, j'avais le front en sueur, je venais de faire un cauchemar. Je me voyais tourner la tête pour voir Julien, je le voyais par terre et je vis ses yeux pleins d'eau avec une larme au côté de son œil gauche et il me fixa en me disant :

— Maman, maman...

Non, non, je ne veux plus penser à cela, non! criai-je à haute voix.

Je me rendormis, mais ma nuit fut agitée.

Ah! non, dis-je. Il était déjà huit heures du matin, il fallait que j'aille au village chercher de la nourriture pour que je puisse faire le déjeuner à Mario. Ce fut le jour où je me décidai enfin à sortir.

— Mais, mais... Mario? criai-je.

J'allai dans la cuisine pour voir si Mario était là, il n'y était pas. J'allais voir partout dans la maison et sans réponse.

Je commençai à m'inquiéter, il n'était pas rentré cette nuit ni ce matin.

Je ne pouvais pas appeler personne, car je ne voulais pas inquiéter les autres.

J'allai quand même faire l'épicerie au cas où il reviendrait entre temps.

À mon retour, Mario y était.

— Bonjour, lui dis-je.

— Bonjour ma chérie.

— Où étais-tu passé?

— Oh, j'ai dormi à l'hôtel, car il me fallait réfléchir.

— Réfléchir à quoi?

— Je voulais réfléchir à nous, à ce qui est arrivé.

— Oui, mais cela fait un an déjà...

Je commençai vraiment à m'inquiéter, j'avais peur de ce qu'il me dirait. Il me fit m'assoir à ses côtés.

— Sam, j'ai bien réfléchi... je... je vais te quitter pour aller vivre à Boston.

J'étais bouche bée, je ne savais que dire, mon cœur palpitait très fort. Je sentis en moi quelque chose se déchirer à nouveau et tranquillement. Cela ne se pouvait pas, c'était un vrai cauchemar.

— Mais pourquoi, Mario, pourquoi?

— Parce qu'il y a un travail pour moi là-bas et après tout ce qui s'est passé...

— Qu'est-ce qui s'est passé? criai-je.

— Euh... euh, et bien ce qui s'est passé avec Julien, car depuis ce temps on s'est éloignés l'un de l'autre et puis... il n'y a pas que ça.

— C'est quoi? dis-je avec une boule dans la gorge.

— Eh, bien c'est... c'est que je ne t'aime plus. Je ne ressens plus rien pour toi.

Mon cœur me faisait de plus en plus mal. C'était comme si quelqu'un venait de me tordre un coup de couteau dans le cœur. J'avais déjà une plaie et voilà qu'une autre me faisait mal, car je n'étais pas tout à fait guéri de la mort de Julien.

Mario fit ses bagages. Rendu près de la porte, il se retourna vers moi en me disant :

— J'ai eu des moments de bonheur avec toi, je ne t'oublierais jamais... Adieu.

Ce fut son dernier mot que je n'oublierai
jamais...

*« Je sens cette solitude en moi,*
*La vie n'est que pour moi un gain*
*Car je n'ai plus d'espoir*
*La vie m'a blessée*
*Et elle a brisé mon cœur*
*Je ne crois plus en mes rêves*
*Je ne sais plus où je vais...*

*Cette solitude qui me rend triste*
*Cet amour que j'ai perdu*
*La vie n'est que pour moi*
*Un passage temporaire*
*Car je ne sais pourquoi je suis ici*
*Peut-être pour pleurer et gémir*
*Ou peut-être pour le malheur et la souffrance... »*

Deux semaines avaient passé, je me levais le
matin avec beaucoup de chagrin. Depuis qu'il était
parti, je pleurais sans cesse.

Mais pourquoi fallait-il qu'il me fasse de la peine et pourquoi du jour au lendemain ne m'aimait-il

plus? Je repensai au moment de ses adieux et mon cœur à cet instant s'est déchiré...

Soudainement, j'eus des maux de cœur, j'allai vite à la salle de bain. Je ne compris pas à ce moment-là, je pensais que j'étais malade.

Alors le lendemain, j'allai voir un médecin, il ne trouva rien. Il me fit un test sanguin. Il fallait que j'attende trois jours pour les résultats, mais ces maux de cœur se répétèrent tous les matins.

Trois jours plus tard, j'étais à la maison en train d'attendre ce coup de téléphone du médecin.

Et voilà qu'il sonna.

— Bonjour, est-ce madame Samantha Lavigne?

— Oui, c'est moi.

— C'est la secrétaire du médecin St-Amour.

— Oui, j'écoute.

— Bon, j'ai les résultats de vos tests, tout est parfait sur le côté santé et l'autre côté c'est que... vous êtes enceinte madame Lavigne.

— Quoi?

— Vous êtes enceinte.

— Eh... eh bien merci.

En raccrochant le téléphone, je commençai à pleurer et pleurer...

Je me mis à crier très fort, pourquoi moi, pourquoi?

Encore une fois, c'était un terrible cauchemar, mon enfant était décédé, mon mari me quittait et voilà que j'étais enceinte.

Je repris courage. Il le fallait bien, car j'étais à bout de souffle cela n'était pas la première fois qu'une telle souffrance survenait dans ma vie...

Une question me vint à l'esprit : devais-je le dire à Mario ou bien ne le méritait-il tout simplement pas après ce qu'il m'avait fait...

Je décidai alors de ne rien révéler, je garderais cet enfant pour moi seule, il serait mon unique amour.

Avant l'arrivée de ce bébé, j'emménageais où je vivais avant.

Dans cette petite maison près du lac, j'élèverais cet enfant dans ce petit coin loin du monde et on serait heureux. Personne sauf ma sœur et mon amie Suzie ne savait pour l'arrivée de ce bébé.

Cela faisait du bien d'être chez moi, de sentir l'air frais de la forêt et revoir le lac en voyant sautiller les poissons.

Suzie m'aida à emménager, car j'avais besoin de quelqu'un, ainsi que ma sœur qui restait plus près de chez moi maintenant, car j'avais besoin d'elles parce qu'avec un gros ventre je ne pouvais pas faire grand-chose...

Quelques années plus tard...

Ma fille vint me réveiller.

— Maman, maman, viens vite, vite...

— Oui un instant, dis-je endormie.

J'allai avec elle et elle me fit emmener près du lac. Elle m'avait préparé un petit déjeuner, je m'assis près d'elle, elle avait tellement un beau sourire chaleureux. Elle me faisait penser à son père, elle était semblable. Je la regardai en me disant qu'elle avait grandi très vite, car cela faisait quinze années que je la prenais dans mes bras avec son biberon et que je lui changeais de couche, aujourd'hui c'est elle qui prenait soin de moi. Elle n'avait jamais connu son père, mais elle n'avait pas besoin de lui. Je l'aimais plus que tout au monde ce bébé et je lui ai donné tout cet amour tandis que lui il m'avait laissée tomber comme un animal qu'on va mener dans le bois, seule et sans rien...

— Julie, peux-tu aller me chercher du café encore?

— Oui, bien sûr maman.

Je lui fis un petit sourire en coin. Je vis Julie courir en revenant vers moi en étant essoufflée, elle me dit :

— Maman, viens, viens voir, il y a quelqu'un à la maison.

— Oui, je viens tout de suite.

Je partis en courant moi aussi, en ayant hâte de voir qui était à la maison...

Mais quelle déception lorsque j'arrivai à la porte de devant, c'était mon père.

Je ne l'avais pas vu depuis bien des années et là je le voyais face à face. Que pouvais-je bien lui dire moi qui n'avais aucune envie de le revoir?

Avait-il une nouvelle à m'apprendre ou bien voulait-il revenir hanter mon passé...

Je me posais mille et une questions, j'étais là debout devant lui, le visage stupéfait, affichant de même de la colère, ne sachant que dire.

— Bonjour ma fille.

— Tu oses m'appeler ta fille? dis-je avec colère.

— Euh... euh... il pencha sa tête. Excuse-moi Samantha, je suis venu pour te dire que... que ta mère est décédée.

— Ah oui, quand? Euh... comment? dis-je avec tristesse.

— Elle est morte d'un cancer, hier après-midi. Cela faisait cinq ans qu'elle avait le cancer.

Julie vint vers moi pour me consoler en me demandant qui était cet homme. Alors je lui répondis que c'était son grand-père.

— Pourquoi ne m'as-tu jamais parlé de lui?

— Julie, on parlera de cela plus tard, va dans ta chambre, j'ai à parler à ton grand-père.

— Mais maman, je...

Je l'interrompis en lui disant de nouveau d'aller dans sa chambre. Je continuai à lui parler devant la porte et je lui dis de partir.

Il me donna l'adresse où ma mère serait exposée et il s'en alla la tête baisse jusqu'à son auto. Peut-être que j'avais été trop dure avec lui, mais mon cœur ne voulait pas avoir mal encore une fois, c'était mieux ainsi...

Julie vint me voir.

— Pourquoi, maman, ne l'as-tu pas invité à prendre un café?

— J'ai mes raisons, voilà pourquoi je ne l'ai pas fait.

— Mais pourquoi ne m'as-tu jamais parlé de tes parents?

— Viens t'assoir, ma fille, je vais t'expliquer même si je n'ai jamais parlé de cela à personne, je vais tout expliquer à toi.

Aujourd'hui même à l'âge où je suis rendue, vois-tu, c'est encore en dedans de moi, ça vient hanter ma vie et peut-être que cela me fera du bien de t'en parler.

Lorsque j'étais plus jeune vers l'âge de dix ans, mon père venait me voir dans la grange, car on avait des chevaux et des vaches, j'y allais deux à trois fois par semaine. Un jour, il commença à me toucher partout, si je bougeais ou si je disais quelque chose, il me mettait sa main sur ma bouche pour que personne ne m'entende.

Il a fait cela pendant bien des années. Cela me hante encore. C'est pour cela que je n'en avais jamais parlé, même à ma sœur et même si je ne vis pas en paix.

— Maman je t'aime quand même.

— Oh, ma chérie, je le sais, je le sais...

C'était mon anniversaire, je fêtais mes soixante ans. Julie était mariée et elle avait deux enfants, ils étaient tous là pour me célébrer. Cela me faisait pleurer de voir cette famille-là réunie pour moi. De voir ma fille heureuse avec son mari, bien que je n'ai jamais eu sa chance, me consolait.

Malgré tout cela, ma fille ne connut jamais son père, je lui en avais parlé, mais elle ne l'avait jamais retrouvé.

Plus tard, soit deux semaines après, je me rendis à l'hôpital avec une maladie inconnue. J'étais étendue sur un lit avec ma fille près de moi. Je savais qu'il me resta plus de chance à survivre, alors je dis à Julie :

— Julie, est-ce que tu pourrais me donner un miroir?

— Maman, pourquoi un miroir?

— Va, va me chercher un miroir, je t'en supplie.

Elle alla chercher un miroir dans son sac à main et ensuite elle me le donna.

Je me regardai et puis je me suis mise à pleurer.

— Maman, pourquoi pleures-tu?

— Regarde, regarde mon visage.

— Qu'est-ce qu'il a ton visage maman?

Je me regardai une autre fois et je lui dis :

— Mon visage ma fille, mon regard est radieux. Jamais de ma vie mon visage n'a été si radieux.

Il était toujours triste, plein de chagrin et voilà qu'aujourd'hui parce que je vais mourir, il est illuminé de joie et de bonheur...

Et enfin, j'expirai avec le visage heureux et le sourire aux lèvres... Enfin...

*« Ces journées qui passent*
*On vieillit sans s'en rendre compte*
*Une solitude arrive tout d'un coup*
*Dans un cœur innocent*
*Puis voilà le rejet et le chagrin*
*Qui viennent à leur tour*
*Frapper à la porte de notre cœur.*

*Sans espoir, sans lueur*
*Nos yeux s'éteignent petit à petit*
*Notre façon d'agir éloigne ce bonheur*
*Nous cherchons désespérément la sortie*
*Et on ne trouve aucune réponse.*
*Nous voulons que quelqu'un*
*Où qu'il soit, nous tienne la main*
*Juste un geste d'amour et d'affection*
*Qui nous résonnera le cœur*
*Que ce bonheur et cette joie*
*Que nous recherchons*
*Nous ferons accepter que cette vie soit*
*de cette façon... »*

# Remerciements

Dans ce roman d'amour et de tragédie, j'ai voulu écrire sur Samantha, une femme imaginaire, mais qui peut refléter la réalité. Le titre de ce livre n'est pas dû au hasard, *Le cri de mes larmes* reflète ce que chacun de nous peut ressentir chaque jour en silence ainsi que le malheur que chaque personne peut avoir dans sa vie...

Mille mercis aux lecteurs pour avoir choisi ce livre et accepté d'entrer dans mon univers. Un livre sans lecteurs est comme un bijou précieux caché au fond d'un tiroir, comme ce livre a été caché au fond de mon tiroir pendant 20 ans.

Je voudrais faire des remerciements premièrement à mon mari Michel Hayes pour son soutien ainsi qu'à ma sœur Annick Gauthier qui m'ont encouragée à faire publier mon manuscrit qui était dans l'oubli. Et merci à mes deux fils Frédérik et Jonathan Ménard pour leur appui dans ce projet.

Un remerciement à une connaissance, Martine Renaud, qui m'avait envoyé les informations pour les Éditions Première Chance.

Et pour terminer, un remerciement à Sylvain Vallières, président-directeur des Éditions Première Chance, pour m'avoir permis de réaliser mon rêve en publiant ce livre et pour m'avoir fait confiance. Merci à Jessica pour son soutien ainsi qu'à toute l'équipe...

Josée N. Gauthier

Achevé d'imprimer au Québec, Canada
Deuxième trimestre 2015